Ernst Günter Tange

Vom Vergnügen, recht zu haben

Zitatenschatz für Juristen

Illustriert von KOFRON

Eichborn Verlag

Das Vergnügen, recht zu behalten, wäre unvollständig ohne das Vergnügen, andere ins Unrecht zu setzen.

Voltaire

Umschlaggestaltung: Uwe Gruhle unter Verwendung einer Zeichnung von Wenzel Kofron
Satz und Lithographie: Fuldaer Verlagsanstalt GmbH
Druck und Bindung: Wiener Verlag
ISBN 3-8218-1361-X
Verlagsverzeichnis schickt gern:
Eichborn Verlag, Kaiserstraße 66, D-60329 Frankfurt

Inhalt

10374

Einlassung zur Sache

Es ist fraglich, in welchem Fall die Gefängnisse voller wären, brächte man alle Gesetzesbrecher oder alle Gesetzessprecher hinter Gitter. Der Beruf des Juristen ist offenbar sehr attraktiv. Vielleicht liegt dies sogar an der Vagheit seines Gegenstandes. Niemand weiß so ganz genau, was Recht und was Unrecht ist, abgesehen davon, daß die Ansichten darüber in Völkern und Zeiten höchst verschieden sein können. Einem Kanibalen zum Beispiel wird die örtliche Jurisprudenz den öffentlichen Verzehr eines Stammesfeindes nicht übel vermerken. Wenn er jedoch seine Schwiegermutter verspeist, kann dies als strafbar gelten, wobei ihre Zähigkeit wiederum als mildernder Umstand gewertet werden kann. So kompliziert ist Rechtsprechung.

Es ist bezeichnend, daß man Juristenrecht vom sogenannten Rechtsempfinden streng unterscheiden muß. »Mit der Vervielfältigung der Rechte zieht sich die Kenntnis derselben aus dem Volke mehr oder weniger zurück, um fortan die Berufsaufgabe für einen eigenen Juristenstand zu bilden«, sagt das Lexikon mit Recht. Denn Recht ist inzwischen für den, der es empfindet, undurchschaubar geworden wie jene

Augenbinde, die die Göttin der Gerechtigkeit Justitia auf vielen Darstellungen trägt.

Die französische Sprache ist ein Abkömmling der lateinischen. Es ist daher nicht ohne Aussagekraft, daß »Jus« im Lateinischen »Recht« heißt, im Französischen jedoch »Brühe«. Kocht man all die vielen Vergehen des Lebens, die großen Schandtaten wie die kleinen Schikanen des Alltags lange genug ein, erhält man jene konzentrierte Brühe, die in ihren einzelnen Bestandteilen undefinierbar, im Ganzen genossen jedoch kräftigend wirkt und die tägliche Speise zu würzen vermag, die uns das Dasein beschert. Die folgende Zitatensammlung schöpft löffelweise aus dieser Brühe und vermag vielleicht, manchen faden Moment geschmacklich aufzubessern. Die Einteilung nach Kapiteln muß den Umständen entsprechend so ungenau ausfallen wie der Versuch, eine Flüssigkeit mit dem Messer zu portionieren.

Gesetzeshüter

Es gibt zwei Klassen von Menschen: die **Gerechten** und die Ungerechten. Die Einteilung wird von den Gerechten vorgenommen. *Oscar Wilde*

Jurist: Ein Rechtskundiger, der auch links herum denken kann. *Helmuth M. Backhaus*

Wenn ich einen Sohn habe, so soll er etwas Prosaisches werden, **Jurist** oder Seeräuber. *Lord Byron*

Er war eitel wie ein Chirurg, rechthaberisch wie ein **Jurist** und gutmütig wie ein Scharfrichter nach der Hinrichtung. *Kurt Tucholsky*

Der **Jurist,** der nicht mehr ist als ein Jurist, ist ein arm Ding. *Martin Luther*

Wenn es keine schlechten Menschen gäbe, gäbe es keine guten **Juristen.** *Charles Dickens*

Die Phantasie trainiert man am besten durch juristische Studien. Kein Dichter hat jemals die Natur so frei ausgelegt wie **Juristen** die Gesetze. *Jean Giraudoux*

Juristen sind Leute, die die Gerechtigkeit mit dem Recht betrügen. *Harold Pinter*

Kläger: Ehemaliger Freund; meist jemand, dem man einen Gefallen erwiesen hat. *Ambrose Bierce*

Ich hasse **Opfer,** die ihren Henker lieben.

Jean-Paul Sartre

Rechtsanwalt:

Spezialist im Spalten fremder Haare. *Anonym*

Nicht nur ein Diener am Recht, sondern auch ein Verdiener am Unrecht. *Anonym*

Eine in der Umgehung des Gesetzes geschulte Person. *Ambrose Bierce*

Gesetzlich bestellte Person zur ungeschickten Verwaltung von Geschäften, die man selber nicht gehörig vermasseln kann. *Ambrose Bierce*

Es ist leichter, ohne Messer eine Auster zu öffnen, als den Mund eines Anwalts ohne Honorar.

Barten Holyday

Wenn du etwas gegen das Gesetz tun willst, dann frage immer erst einen tüchtigen **Rechtsanwalt.**

George Bernard Shaw

Nichts macht die Menschen so unverträglich wie das Bewußtsein, genug Geld für einen guten **Rechtsanwalt** zu haben. *Richard Widmark*

Rechtsanwälte:
Die einzigen Leute, bei denen Unkenntnis des Rechts nicht bestraft, sondern belohnt wird. *Jeremy Bentham*

Die Welt hat einen großen Bedarf an Leuten, die Unrecht für Recht ausgeben können. *Egon Friedell*

Anwälte und Bestattungsunternehmen leben überwiegend von Fehlern, die andere gemacht haben.

Robert Lembke

Eine friedliche und einträchtige Welt ist der geheime Alptraum der Militärs und der Advokaten.

Norman Mailer

Es ist nicht einzusehen, weshalb es neben den **Rechtsanwälten,** die unser Recht durchsetzen wollen, nicht auch Versöhnungsanwälte gibt, die uns Rechtsstreitigkeiten ersparen möchten. *Sigmund Graff*

Vor dem Recht sind alle gleich. Aber nicht vor den **Rechtsprechern.** *Stanislaw Jerzy Lec*

Wenn die Künstler immer nur unter gerechten **Regierungen** arbeiten sollten, wann kämen sie dann überhaupt zum Arbeiten? *Francisco Goya*

Jeder **Richter,** der urteilt, fällt auch einen Urteilsspruch über sich selbst – und der kommt auf die Nachwelt. *Eyvind Johnson*

Die bloße Mahnung an die **Richter**, nach bestem Wissen und Gewissen zu urteilen, genügt nicht. Es müßten auch Vorschriften erlassen werden, wie klein das Wissen und wie groß das Gewissen sein darf. *Karl Kraus*

Rat an den **Richter:** gib deine Entscheidungen, niemals deine Gründe an; deine Entscheidungen mögen richtig sein, deine Gründe sind sicher falsch.

William Murray Mansfield

Manche **Richter** sind so stolz auf ihre Unbestechlichkeit, daß sie darüber die Gerechtigkeit vergessen.

Oscar Wilde

Scheidungsanwalt: Ein Mann, der zwei Leute überredet, sich ihrer Kleider zu entledigen und miteinander zu kämpfen, und der inzwischen mit den Kleidern davonläuft. *Anonym*

Wer **Scheidungsanwalt** ist, gehört auf jeden Fall einer Wachstumsbranche an. *Friedrich Nowottny*

Nur Amateure finanzieren die Werbung selbst. Profis benutzen dafür kostenlos den **Staatsanwalt.**

Jean Genet

Gesetzlose

Deserteure müßte man gleichzeitig wegen Feigheit erschießen und wegen Klugheit auszeichnen.

Charles Maurice Talleyrand

Dieb:
Ein Mann, der etwas findet, was ein anderer nicht verloren hat. *Definition eines Kindes*

Ein Mensch, der zu vernünftig ist, um zu verhungern, aber zu unvernünftig, um zu arbeiten; zu verschämt, um zu betteln, aber gerade unverschämt genug, um zu stehlen. *Aus den »Fliegenden Blättern«*

Einbrecher/Ausbrecher: Man spricht immer nur von Leuten, die in Häuser einbrechen wollen. Aber es gibt mehr Leute auf der Welt, die aus Häusern ausbrechen wollen. *Thornton Wilder*

Häftling: Einer, der sitzt, weil er gestanden hat.

Anonym

Hehler: Handlanger von Langfingern. *Ron Kritzfeld*

Grundsätzlich verlogene Menschen sind ungefährlich. Gefährlich sind nur **Lügner,** die manchmal die Wahrheit sagen. *George Bernard Shaw*

Sträflinge: Leute, die »in« sind, obwohl sie viel lieber »out« wären. *David Frost*

Taschendiebe: Diejenigen Mitglieder der menschlichen Gesellschaft, die die weitverbreitete Kunst, dem anderen Geld aus der Tasche zu ziehen, nur manuell ausüben. *Hans Kasper*

Ich begreife nicht, warum sich die Leute um niedrige Autonummern reißen. Die kann sich doch jeder **Zeuge** ganz leicht merken. *Jean Lafleur*

Das Zeug zum Juristen

Beredsamkeit: Die Fähigkeit, Wahrheit in eine Sprache zu übersetzen, die dem völlig verständlich ist, der dir zuhört. *Ralph Waldo Emerson*

Glaubwürdigkeit: Es ist schwierig, einem Menschen zu glauben, wenn man weiß, daß man an seiner Stelle lügen würde. *Henry Louis Mencken*

Niemand ist so **rechtschaffen,** daß er, wenn er alle seine Handlungen und Gedanken dem Gesetz unterwürfe, nicht zehnmal hängen müßte.

Michel de Montaigne

Redlichkeit: Man gebe mir sechs Zeilen, geschrieben von dem redlichsten Menschen, und ich werde darin etwas finden, um ihn aufhängen zu lassen.

Armand Jean du Plessis de Richelieu

Wenn es heißt, ein Mensch sei **unbestechlich,** frage ich mich unwillkürlich, ob man ihm genug geboten hat. *Fouché*

Es gibt **unbestechliche** Menschen. Das sind die, von denen nichts abhängt. *Dusan Radović*

Man müßte sich die **Unbestechlichkeit** bezahlen lassen können. *Werner Schneyder*

Selbst der Gerechte wird **ungerecht,** wenn er selbstgerecht wird. *Rudolf Hagelstange*

Es geht **ungerecht** zu auf der Welt: Ein Schurke darf sich jede Anständigkeit herausnehmen, ein anständiger Mensch aber nicht die kleinste Schurkerei.

Mark Twain

Wahrheitsliebe ist die seltenste aller amourösen Bindungen. *Alfred Polgar*

Wahrheitsliebe: Wer Wahrheit liebt, der urteilt scharf, vorausgesetzt, daß er das darf. *Eugen Roth*

Kleine und grosse Gaunereien

Wenn Gott alles segnen müßte, worum man ihn bittet, würde er sich, juristisch gesehen, der **Beihilfe** schuldig machen. *Jean Genet*

Es gibt Persönlichkeiten in unserem Staat, von denen man nichts anderes weiß, als daß man sie nicht **beleidigen** darf. *Karl Kraus*

Beleidigungen sind die Argumente derer, die unrecht haben. *Jean-Jacques Rousseau*

Betrug:
Diebstahl, bei dem es um größere Beträge geht.

Anonym

Es ist unendlich schöner, sich zehnmal betrügen zu lassen, als einmal den Glauben an die Menschheit zu verlieren. *Heinrich Zschokke*

Bigamie: Eine Frau zuviel. Monogamie: dasselbe.

Oscar Wilde

Bigamie ist das Musterbeispiel eines unsozialen Verhaltens: Sie bringt die Scheidungsanwälte um ihr Honorar.

George Cox

Bigamie ist auch eine Möglichkeit, zugleich die Schmutzwäsche der Scheidung und die Last der Unterhaltszahlungen zu vermeiden.

Oliver Herford

das Böse tun: Nie tut man so vollständig das Böse, als wenn man es mit gutem Gewissen tut.

Blaise Pascal

Diebstahl: Beschreiten des zweiten Vermögensbildungsweges. *Joachim Schwedhelm*

Einbruch: Kriminelle Form der Selbstbedienung.

Michael Schiff

ermorden: Eine leere Stelle schaffen, ohne einen Nachfolger zu benennen. *Ambrose Bierce*

Ein englischer Richter, und kein zynischer Verfasser von Kriminalgeschichten, bemerkte in einem berühmten und ungelösten Fall von **Gattenmord,** daß man nach einem Motiv gar nicht zu suchen brauche, die Ehe selbst sei bereits das Motiv.

Mary Hottinger

Gift: Eine von Frauen bevorzugte Mordwaffe; es weckt die Kinder nicht auf. *Anonym*

Hochverrat ist eine Frage des Datums.

Charles Maurice Talleyrand

Der Nachteil der **Korruption** besteht darin, daß es gar nicht so einfach ist, jemanden zu finden, der einen korrumpieren möchte. *Raimund Vidranyi*

Korruption ist, wenn Unregelmäßigkeiten zur Regel werden. *Wolfram Weidner*

Die nächste Eskalation der **Luftpiraterie** wird die Entführung eines Raumschiffes sein. *Harold Pinter*

Mord: Die Tötung eines Menschen durch einen anderen. Es gibt vier Arten von Mord: verbrecherischen, entschuldbaren, gerechtfertigten und rühmlichen, doch dem Ermordeten ist es egal, welcher Art er zum Opfer fiel – die Klassifizierung ist nur zum Nutzen der Juristen da. *Ambrose Bierce*

Zweifellos hat es **perfekte Morde** gegeben. Der beste Beweis dafür ist ja gerade die Tatsache, daß man nichts von ihnen weiß. *Alfred Hitchcock*

plündern: Jemanden um sein Eigentum bringen, ohne die geziemende und übliche Heimlichkeit des Diebstahls zu wahren. *Ambrose Bierce*

der feine Unterschied: Wenn ein Multimillionär einen Silberlöffel einsteckt, wird das diskret erledigt. Wenn aber ein armer Hund einen Silberlöffel einsteckt, weil er ihn verscheuern muß, um zu leben, holt man die Polizei. *Heinrich Böll*

Die Säulen des Rechts

Alibi: Eine Rechtfertigung mit zweifelhaftem Ruf.

Anonym

Ein **Alibi** ist wie der Kredit: Wenn man beide nicht braucht, dann hat man sie. *Peter Ustinov*

Alimente:
Zahlungsverpflichtung bei Verkehrsunfällen. *Anonym*

Jene Einrichtung, bei der einer dafür bezahlt, daß zwei einen Fehler gemacht haben. *Danny Kaye*

Vergnügungssteuer im nachhinein. *Henning Venske*

Amnestie:
Die Großmut des Staates gegen diejenigen Gesetzesübertreter, deren Bestrafung auf die Dauer zu kostspielig wäre. *Ambrose Bierce*

Das schönste Wort der menschlichen Sprache.

Victor Hugo

Ein Akt, durch den die Herrscher die häufigsten Ungerechtigkeiten verzeihen, die sie begangen haben. *Pierre Véron*

Bedenkzeit: Tage, die man verstreichen läßt, bevor man bei seiner Meinung bleibt. *Anonym*

Ehe:

Ein Vertrag, bei dem der Mann auf die eine Hälfte seiner Lebensmittel verzichtet, damit man ihm die andere Hälfte kocht. *Anonym*

Die einzig wirkliche Leibeigenschaft, die das Gesetz kennt. *Anonym*

Legalisierte Einsamkeit zu zweit. *Jean Genet*

Die vielleicht seltsamste Mischung von Biologie und Jurisprudenz. *Kurt Höbel*

Vielfach nur der Kontrakt, auf dessen Bruch die Unterhaltspflicht als Konventionalstrafe steht. *Karl Jaspers*

Die vom Staat sanktionierte Tyrannei. *Alma Mahler-Werfel*

In vielen Fällen lebenslängliche Doppelhaft ohne Bewährungsfrist und Strafaufschub, verschärft durch Fasten und gemeinsames Lager. *Jean-Paul Sartre*

Gegenseitige Freiheitsberaubung im beiderseitigen Einvernehmen.

Oscar Wilde

Eheringe: Die Handschellen der bürgerlichen Gesellschaft.

Curth Flatow

Ehe- und Militärdienst: Die zwei staatlich sanktionierten Formen von Freiheitsentzug ohne Gerichtsurteil. *Jean Genet*

Fehler: Eigenes Vergehen, im Unterschied zu den Vergehen anderer, den sogenannten Verbrechen.

Ambrose Bierce

Gewissen:
Die Stimme des Staatsanwalts in uns. *Anonym*

Jene innere Stimme, die uns rät, keine Fingerabdrücke zu hinterlassen. *Malcolm Brigg*

Jene innere Stimme, die uns daran erinnert, daß die nächste Amnestie erst in fünf Jahren kommt.

George Cummings

Gleichheit: Das durch die Verfassung garantierte Recht der Reichen und Armen, in Champagner zu baden und den Winter an der Riviera verbringen zu dürfen. *Leo C. Rosten*

Das Ideal der **Gleichheit** ist deshalb so schwer zu verwirklichen, weil die Menschen Gleichheit nur mit jenen wünschen, die über ihnen stehen.

John B. Priestley

das Gute: Das Böse, was man läßt. *Wilhelm Busch*

Irrtümer: Die Stationen auf dem Wege zur Wahrheit. *Fjodor Michailowitsch Dostojewski*

Jurisprudenz: Die Fähigkeit, recht zu behalten, obwohl man es nicht hat. *Georges Marcelin*

Ein **Konkubinat** ist eine feste Bindung, die man nur vor dem Standesbeamten geheimhält.

Ernst Waldbrunn

Ein halbleeres Glas Wein ist zwar auch ein halbvolles, aber eine **halbe Lüge** ist mitnichten eine halbe Wahrheit. *Jean Cocteau*

Das **Recht auf Dummheit** wird von der Verfassung geschützt. Es gehört zur Garantie der freien Entfaltung der Persönlichkeit. *Mark Twain*

rechtmäßig: Vereinbar mit dem Willen des zuständigen Richters. *Ambrose Bierce*

Scheidung:
Eine Trennung, bei der in der Regel die Frau die Kinder und der Mann das Kindermädchen behält.

Anonym

Ein Spiel unter Rechtsanwälten. *Cary Grant*

Scheidungen: Entscheidungen eines Schiedsrichters, der das Spiel nicht gesehen hat. *Robert Lembke*

Strafe:
Die Gerechtigkeit, welche die Schuldigen an die austeilen, die gefaßt werden. *Elbert Hubbard*

Der Rechtsbrecher hat einen Anspruch darauf, bestraft zu werden. *Max Scheler*

An der Härte der **Strafen** erkennt man die Schwäche des Regimes. *Martin Kessel*

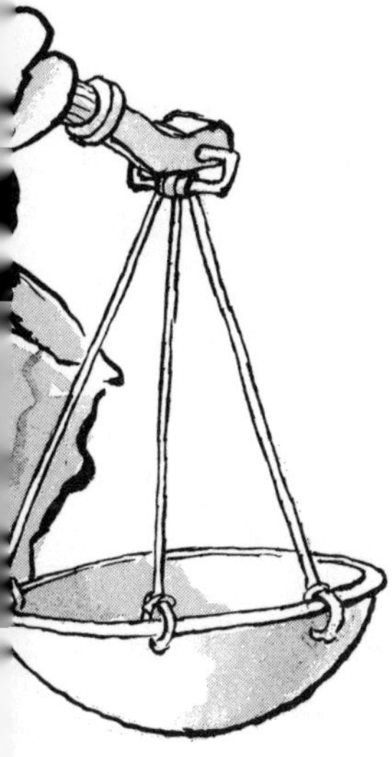

Juristische Schwierigkeiten
gibt es nicht
für Leute mit Geld.

George Bernard Shaw

Streit:
Disput zwischen zwei Menschen, die beide als erste das letzte Wort haben wollen. *Anonym*

Eine Auseinandersetzung, die damit beginnt, daß man sich etwas vorwirft, und damit endet, daß man sich etwas nachwirft. *Anonym*

Die schlimmste Art von **Ungerechtigkeit** ist vorgespielte Gerechtigkeit. *Platon*

Wenn ein Mensch einen Tiger umbringen will, nennt er das Sport; wenn der Tiger ihn umbringen will, nennt er das Wildheit. Der **Unterschied** zwischen Verbrechen und Justiz ist der gleiche.

George Bernard Shaw

Urteil:
Etwas, womit sich die meisten Menschen zufriedengeben, weil Denken so anstrengend ist. *Anonym*

Abschließendes **Urteil:** erster tastender Versuch, eine Sache zu verstehen. *Helmar Nahr*

Ein wirklich unvoreingenommenes **Urteil** kann man nur über Dinge abgeben, die einen nicht interessieren, und das ist zweifellos der Grund, daß unvoreingenommene Urteile immer wertlos sind.
Oscar Wilde

Vorurteil:
Der Versuch, die Tatsachen gegeneinander abzuwägen und dabei den Daumen auf die Waagschale zu legen. *Anonym*

Eine Einbahnstraße mit Anhalteverbot für den Verstand. *Louis Guilloux*

Ein Urteil, das der Staatsanwalt gesprochen hat.
Heinz Hilpert

Verurteilung ohne Urteil. *Bernhard Pollak*

Ein Urteil läßt sich widerlegen, aber niemals ein **Vorurteil.** *Marie von Ebner-Eschenbach*

Ein **Vorurteil** ist ein Irrtum, der Wurzeln geschlagen hat. *Martin Held*

Ein **Vorurteil** ist ziemlich sicher daran zu erkennen, daß man sich bei seiner Begründung ereifert.

Viktor de Kowa

Vorurteile:
Denkschienen. *Anonym*

Die Vernunft der Narren. *Voltaire*

Vorurteile sterben ganz langsam, und man kann nie sicher sein, daß sie wirklich tot sind. *Jules Romains*

Wahrheit:
Eine Halluzination, zu der sich die Mehrheit bekennt. *Anonym*

Die Art von Irrtum, ohne welche eine bestimmte Art von lebendigen Wesen nicht leben könnte.

Friedrich Nietzsche

Wahrheit ist das, was man glaubhaft machen kann.

Anonym

Die **Wahrheit** ist eine scheue Geliebte; man besitzt sie niemals ganz. *Hermann Bahr*

Die **Wahrheit** ist wie ein Bauernmädchen. Am schönsten ist sie ungeschminkt. *Oskar Kokoschka*

Wahrheit ist der Name, den wir unseren wechselnden Irrtümern geben. *Rabindranath Tagore*

Werkzeuge der Gerechtigkeit

Armenrecht: Eine Methode, mittels derer einem Rechtsuchenden, der kein Geld für Anwälte hat, gnädig erlaubt wird, seinen Prozeß zu verlieren.

Ambrose Bierce

Politisch Verfolgte genießen in der Bundesrepublik **Asylrecht.** – Näheres regelt das gesunde Volksempfinden.

Ralf Bülow

Immer, wenn jemand kurzen Prozeß machen möchte, gibt es danach eine lange **Berufung.**

Siegfried Lowitz

Beweis:
Das Zeugnis zweier glaubwürdiger Zeugen, das dem eines einzigen entgegengesetzt ist.

Ambrose Bierce

Eine Aussage, die einen Grad glaubwürdiger ist als die Unwahrheit.

Ambrose Bierce

Welches ist der beste **Beweis?** Die hundertmalige Wiederholung der Behauptung.

Charles Tschopp

Die **Beweise** sind das Gegengift gegen das Gift der Zeugenaussagen.

Francis Bacon

Folterbank: Ein Lehrmittel, das früher häufig verwendet wurde, um die Anhänger eines falschen Glaubens zur lebendigen Wahrheit zu bekehren.

Ambrose Bierce

Galgen: Bühne für die Aufführung von Mirakelspielen, in denen der Hauptdarsteller in den Himmel entrückt wird. In diesem Land ist der Galgen bemerkenswert vor allem wegen der vielen Leute, die ihm entgehen. *Ambrose Bierce*

Gesetz: Eine Reuse für die kleinen Fische. *Anonym*

Wenn es nicht notwendig ist, ein **Gesetz** zu machen, dann ist es notwendig, kein Gesetz zu machen.

Charles de Montesquieu

Das **Gesetz** garantiert zwar nicht das Mittagessen, aber die Mittagspause. *Wieslaw Brudziński*

Die **Gesetze** sind Spinngewebe, durch die die großen Fliegen durchkommen, und wo nur die kleinen hängenbleiben. *Honoré de Balzac*

Man sagt, wir bewegten uns wenig. Und das tägliche Umgehen der **Gesetze?** *Wieslaw Brudziński*

Gesetze sind wie Kleider. Eine Zeitlang sitzen sie gut. Dann sind sie abgetragen, und es wird Zeit, sie auszuwechseln. *Jean Foyer*

Wenn man alle **Gesetze** studieren sollte, so hätte man gar keine Zeit, sie zu übertreten.

Johann Wolfgang von Goethe

Wenn Sie **Gesetze** und Würste mögen, dann sollten Sie niemals bei der Herstellung von beiden zuschauen.

Otto von Bismarck

In einem Staat gibt es um so mehr Räuber und Diebe, je mehr **Gesetze** und Vorschriften es in ihm gibt.

Laotse

Die Unkenntnis des **Gesetzes** befreit nicht von der Verantwortung. Aber die Kenntnis oft.

Stanislaw Jerzy Lec

Wenn die **Gesetze** sprechen könnten, würden sie sich zuallererst über die Juristen beschweren.

George Savile, First Marquis of Halifax

Die **Gesetze** sind schon an der Quelle dadurch vergiftet, daß sie von reichen Leuten gemacht werden.

George Bernard Shaw

Vielleicht würde es um die Welt besser stehen, wenn die Menschen Maulkörbe und die Hunde **Gesetze** bekämen. *George Bernard Shaw*

Nichts erhält die **Gesetze** so wirksam wie ihre Anwendung gegen hochgestellte Personen.

Tacitus

Der Mensch gönnt seiner Gattung nichts, daher hat er die **Gesetze** erfunden. Er darf nicht, also sollen die anderen auch nicht. *Kurt Tucholsky*

Früher litten wir an Verbrechen, heute an **Gesetzen.**

Tacitus

Das Studium der **Gesetzeslücken** ist rentabler als andere Künste. *Immanuel Birnbaum*

Gesetzeslücken sind merkwürdigerweise so beschaffen, daß die Großen leichter durchschlüpfen können als die Kleinen. *Ralph Boller*

Gesetzeslücken lassen sich durch beständigen Gebrauch beträchtlich erweitern. *Mark Twain*

Die Lücken in den Gesetzen sind nicht so klein, daß man nicht mit einem Cadillac hindurchfahren könnte. *James Parkinson*

Man sollte das **Grundgesetz** auf den Index setzen, dann würde es vielleicht gelegentlich gelesen werden.
Robert Lembke

Guillotine:
Der von der Französischen Revolution erfundene Rasierapparat. *Ramón Gómez de la Serna*

Der bisher erfolgreichste Versuch, den Scheintod zu vermeiden. *Robert Michaud*

Die **Guillotine** ist eine Maschine, die den Kopf im Handumdrehen entfernt und die das Opfer nichts anderes spüren läßt als ein Gefühl erfrischender Kühle. *J. I. Guillotin*

Handschellen: Abführmittel aus Eisen. *Anonym*

Kein Versteck
erfreut sich solcher
Beliebtheit
wie das **Kleingedruckte.**

Anonym

Das **Paragraphenzeichen** allein
sieht aus wie ein Folterwerkzeug.

Stanislaw Jerzy Lec

Prozeß:
Eine Maschine,
in die man als Schwein hineingeht,
um als Wurst
wieder herauszukommen.

Ambrose Bierce

Eine förmliche Untersuchung zu dem Zweck, den makellosen Charakter von Richtern, Advokaten und Geschworenen zu beweisen und aktenkundig zu machen. Dazu ist eine Kontrastperson in Form eines sogenannten Angeklagten, Gefangenen oder Beschuldigten erforderlich. *Ambrose Bierce*

Der einzig gewonnene **Prozeß** ist der, den man nicht geführt hat. *Hans Habe*

Vor dem Gesetz sind alle gleich, aber nicht in den **Prozessen.** *Hugo Olaerts*

Nützliche Unklarheit in den **Staatsverträgen** ist eine hohe Kunst. *Charles Maurice Talleyrand*

Mit einem Wort, die Geschichte lehrt uns zur Genüge, daß **Strafgesetze** nie anders als nachteilig gewirkt haben. *Charles de Montesquieu*

Die deutsche **Strafprozeßordnung** liest sich im großen ganzen wie die Lieferungsverträge, die sich bei uns eingebürgert haben: Was auch immer geschieht, geht zu Lasten des Bestellers, und die ausführende Firma haftet für gar nichts.

Kurt Tucholsky

Streitaxt: Man vergißt vielleicht, wo man die Friedenspfeife vergraben hat, aber man vergißt niemals, wo das Beil liegt. *Mark Twain*

Jemanden mit dessen Wissen im **Testament** zu bedenken und dann nicht in angemessener Frist zu sterben, das grenzt schon an Provokation.

Samuel Butler

Wer in einem **Testament** nicht bedacht worden ist, findet Trost in dem Gedanken, daß der Verstorbene ihm vermutlich die Erbschaftssteuer ersparen wollte.

Peter Ustinov

Vertrag: Ein System, unter dem die Treuen immer gebunden, die Treulosen immer frei sind.

Lord Robert Gilbert Vantissart

Verträge: Überflüssige Schriftstücke, die von Gutwilligen ohnehin und von Bösartigen doch nie gehalten werden.

Ron Kritzfeld

Verträge sind ein Beispiel dafür, daß sich Menschen nicht trauen. *Anonym*

Verträge sind wie Rosen und junge Mädchen: Sie halten sich, solange sie sich halten. *Charles de Gaulle*

Verträge werden von Juristen für Juristen gemacht, damit die Laien merken, daß man ohne Juristen nicht auskommt. *Paul Getty*

PROZESSUALE GEPFLOGENHEITEN

anklagen: Die Schuld oder Unwürdigkeit eines anderen beteuern: gewöhnlich, um uns selber dafür zu rechtfertigen, daß wir ihm unrecht getan haben.

Ambrose Bierce

Es werden mehr **Ausreden** als Reden gehalten. Aber die Ausreden sind meist brillanter als die Reden.

Anonym

begnadigen: Eine Strafe aufheben und jemanden von neuem einem verbrecherischen Leben aussetzen.

Ambrose Bierce

beide Seiten anhören: Wenn man sich beide Seiten einer Geschichte anhört, stellt man bald fest, daß sie mehr als zwei Seiten hat. *Anonym*

bereuen: Es gibt Dinge, die man bereut, ehe man sie tut. Und man tut sie doch. *Friedrich Hebbel*

Es ist unglaublich, wieviel Geist in der Welt aufgeboten wird, um Dummheiten zu **beweisen.**

Friedrich Hebbel

Chuzpe: Wenn einer, der Vater und Mutter erschlagen hat, vor Gericht um mildernde Umstände bittet, weil er Vollwaise ist. *Peter Mosler*

Dienst nach Vorschrift und Gesetz als Ersatz für einen Streik ist nicht nur ein wunderschöner Gag, er ist auch ein Hinweis auf den versteckten Humor der Gesetzesmacher. *Cyril Northcote Parkinson*

entscheiden: Dem Übergewicht einer Richtung von Einflüssen über eine andere erliegen. *Ambrose Bierce*

Es gibt ein unfehlbares Rezept, eine Sache **gerecht** unter zwei Menschen aufzuteilen: Einer von ihnen darf die Portionen bestimmen – und der andere hat die Wahl. *Gustav Stresemann*

Man hätte ihm längst **Gerechtigkeit** widerfahren lassen, wenn man nur wüßte, daß er davon keinen Gebrauch machen wird. *Wieslaw Brudziński*

Man riskiert Ekel, sähe man, wie Politik, **Gerechtigkeit** und das eigene Abendessen zustande kommen.

Nicolas-Sébastien Roch Chamfort

Völlig unnötig, der **Gerechtigkeit** die Augen zu verbinden. Sie ist ohnehin blind. *Hanns-Hermann Kersten*

Wer kein Verbrechen begeht, ist für die **Gerechtigkeit** uninteressant. *Stanislaw Jerzy Lec*

Gerechtigkeit ist keine billige Sache auf dem Gericht. *Rudolf Rolfs*

Es ist ein **Juristenaberglauben,** und zwar speziell ein deutscher Juristenaberglauben, daß die Gerechtigkeit um so größer ist, je länger sich die Prozesse hinziehen. *Manfred Rommel*

Ist einer so phantasielos, daß er seiner **Lüge** mit Beweisen zur Hilfe kommt, dann soll er lieber gleich die Wahrheit sagen. *Oscar Wilde*

Es macht keinen Spaß, einen Mann aufzuhängen, der **nichts dagegen** hat. *George Bernard Shaw*

Prozeßpartei: Jemand, der bereit ist, seine Haut zu opfern in der Hoffnung, daß er seine Knochen behalten darf. *Ambrose Bierce*

Wenn man von den Leuten Pflichten fordert und ihnen keine **Rechte zugestehen** will, muß man sie gut bezahlen.
Johann Wolfgang von Goethe

Rechtfertigung: Wir fertigen uns unser Recht, um uns zu rechtfertigen.
Gerhard Uhlenbruck

Nie hassen wir Rechthaber mehr, als wenn sie **recht haben.**
Erwin Chargaff

Wer immer **recht haben** will, muß oft seine Meinung wechseln. *Dusan Radović*

Reue:
Die unpünktlichste aller Tugenden; sie kommt immer zu spät. *Anonym*

Der feste Vorsatz, beim nächstenmal keine Fingerabdrücke zu hinterlassen. *Marcel Achard*

Eine nachträglich entrichtete Vergnügungssteuer.
Senta Berger

Der Versuch, in sich zu gehen, nachdem man gerade so schön aus sich herausgegangen war.
Hans Clarin

Nicht so sehr der Kummer über das Böse, das wir getan haben, wie Furcht vor dem, das uns daraus erwachsen kann. *Marie von Ebner-Eschenbach*

Verstand, der zu spät kommt.
Ernst Freiherr von Feuchtersleben

Wenn ein intelligenter Mensch die **falsche Sache vertritt**, ist das noch schlimmer, als wenn ein Dummkopf für die richtige eintritt. *Georges Clemenceau*

Scheidung: »Wenn ich mir über die Verteilung unseres Besitzes klar wäre, würde ich mich scheiden lassen«, sagt der Ehemann zum Anwalt. »Aber das ist doch kein Problem«, antwortet der. »Ihre Frau bekommt die Wohnung, Sie den Wagen und ich Ihre Ersparnisse.« *»Stern«*

Bei jeder **Streitfrage** gibt es zwei Standpunkte: den eigenen und den falschen. *Channing Pollock*

Die schlimmsten **Streitigkeiten** entstehen erst dann, wenn beide Seiten gleichermaßen im Recht und im Unrecht sind. *Winston Churchill*

Streitigkeiten dauerten nicht lange, wenn das Unrecht nur auf einer Seite wäre.

François de La Rochefoucauld

Unrecht gewinnt oft Rechtscharakter einfach dadurch, daß es häufig vorkommt. *Bertolt Brecht*

Großes **Unrecht** wird kleiner, wenn man es von höheren Posten aus betrachtet. *Zarko Petan*

Um Recht zu tun, braucht's wenig, und insofern hätte Cicero recht, wenn er binnen drei Tagen ein Rechtsgelehrter zu werden sich getraute, aber um ungestraft **Unrecht** zu tun, dazu gehört ein Studium. *Karl Julius Weber*

Man haßt immer die Menschen, denen man **Unrecht** tut.

Stefan Zweig

Nichts lernen wir so spät und verlernen wir so früh, als zuzugeben, daß wir **unrecht haben.**

Marie von Ebner-Eschenbach

Der Scharfsinn verläßt geistreiche Männer am wenigsten, wenn sie **unrecht haben.**

Johann Wolfgang von Goethe

Auch wenn alle einer Meinung sind, können alle **unrecht haben.** *Bertrand Russell*

unrecht tun: Oft tut auch der unrecht, der nichts tut, nicht bloß, der etwas tut. *Marc Aurel*

Geübte Lügner sagen auch dann die **Unwahrheit,** wenn es gar nicht nötig ist – bloß so, zum Training. *Harold Pinter*

Wenn die **Wahrheit** zu schwach ist, sich zu verteidigen, muß sie zum Angriff übergehen. *Bertolt Brecht*

Wer die **Wahrheit** nicht weiß, der ist bloß ein Dummkopf. Aber wer sie weiß und sie eine Lüge nennt, der ist ein Verbrecher. *Bertolt Brecht*

Gelegentlich stolpern die Menschen über eine **Wahrheit,** aber sie richten sich auf und gehen weiter, als sei nichts geschehen. *Winston Churchill*

Man darf **Wahrheit** nicht mit Mehrheit verwechseln.

Jean Cocteau

Nichts wird so sehr für Übertreibung gehalten wie die nackte **Wahrheit**. *Joseph Conrad*

... die unverfälschte **Wahrheit** ist immer unwahrscheinlich ... Um die Wahrheit wahrscheinlicher zu machen, muß man ihr unbedingt etwas Lüge beimischen. *Fjodor Michailowitsch Dostojewski*

Die Gefahr bei der Suche nach der **Wahrheit** liegt darin, daß man sie manchmal findet.

William Faulkner

Die **Wahrheit** kann auch eine Keule sein, mit der man andere erschlägt. *Anatole France*

Es gibt ebensowenig eine hundertprozentige **Wahrheit** wie hundertprozentigen Alkohol.

Sigmund Freud

Die beste Tarnung ist die **Wahrheit.** Die glaubt einem keiner. *Max Frisch*

Wenn alle Menschen immer die **Wahrheit** sagten, wäre das die Hölle auf Erden. *Jean Gabin*

Wer immer die **Wahrheit** sagt, kann sich ein schlechtes Gedächtnis leisten. *Theodor Heuss*

Die **Wahrheit** kann warten, sie ist es gewohnt. *Douglas Jerrold*

Die **Wahrheit** ist oft zu einfach, um Glauben zu finden. *Fanny Lewald*

Es ist fast unmöglich, die Fackel der **Wahrheit** durch ein Gedränge zu tragen, ohne jemandem den Bart zu sengen. *Georg Christoph Lichtenberg*

Die **Wahrheit,** die überlebt, ist lediglich die Lüge, die am angenehmsten zu glauben ist. *Henry Louis Mencken*

Die **Wahrheit** ist keine Speise, sondern ein Gewürz. *Arthur Murphy*

Auf einen Tropfen **Wahrheit** kommt ein Ozean von Worten. *Helmar Nahr*

Über die Formulierung geht die **Wahrheit** zum Teufel. *Hans Erich Nossack*

Jeder **Wahrheit** sollte man hinzufügen, daß man sich auch der entgegengesetzten Wahrheit entsinne.

Blaise Pascal

Am Ende siegt immer die **Wahrheit**. Doch leider sind wir erst am Anfang. *Zarko Petan*

Die **Wahrheit** triumphiert nie, ihre Gegner sterben nur aus. *Max Planck*

Wer immer die **Wahrheit** sagt, wird kein Gedächtniskünstler. *Joachim Ringelnatz*

Die **Wahrheit**, die in einen Gerichtssaal gelangt, ist nicht die nackte Wahrheit, sondern die Wahrheit in Gerichtskleidung, die alle ihre weniger anständigen Teile verhüllt. *Bertrand Russell*

Das einzige, was niemand glauben will, ist die **Wahrheit.** *George Bernard Shaw*

Sehr viele Menschen leben davon, daß die **Wahrheit** auf Erden so schwer zu finden ist: die Detektive, Rechtsanwälte, Richter, Schriftsteller, Wissenschaftler, Philosophen, Geistliche und viele andere.

Georges Simenon

Man kann der **Wahrheit** den Mund verbinden, aber dann macht sie sich immer noch durch Stöhnen bemerkbar. *Arnold J. Toynbee*

Mancher ist für die **Wahrheit**, solange die Wahrheit für ihn ist. *Charles Tschopp*

Um die **Wahrheit** zu finden, zieht man in Frankreich etwas ab, in Deutschland fügt man etwas hinzu, und in England wechselt man das Thema. *Peter Ustinov*

Niemand macht sich das Leben so schwer wie derjenige, der ununterbrochen die **Wahrheit** der Behaglichkeit vorzieht. *Alfred Whitehead*

Am meisten fühlt man sich von **Wahrheiten** getroffen, die man sich selbst verheimlichen wollte.

Friedl Beutelrock

Die einfachsten **Wahrheiten** sind es gerade, auf die der Mensch immer erst am spätesten kommt.

Ludwig Feuerbach

Unanfechtbare **Wahrheiten** gibt es überhaupt nicht, und wenn es welche gäbe, wären sie langweilig.

Theodor Fontane

Es gibt **Wahrheiten,** aber keine Wahrheit. Ich kann ganz gut zwei völlig entgegengesetzte Dinge behaupten und in beiden Fällen recht haben. *Robert Musil*

Wahrheiten können nicht oft genug neu formuliert werden, sonst werden sie langweilig.

Gerhard Uhlenbruck

Die Vereinten Nationen in ihrer jetzigen Zusammensetzung würden nicht einmal die **Zehn Gebote** verabschieden, weil sie aus Israel kommen. *Abba Eban*

zugeben: Die Fehler eines anderen zuzugeben, ist die vornehmste Pflicht, die uns unsere Wahrheitsliebe auferlegt. *Ambrose Bierce*

grundsätzliche Zustimmung: Wenn man sagt, daß man einer Sache grundsätzlich zustimmt, so bedeutet es, daß man nicht die geringste Absicht hat, sie in der Praxis durchzuführen.

Otto von Bismarck

Kampfplätze des Rechts

Weil der Amtsrichter nicht allein Skat spielen kann, braucht ein **Amtsgericht** zwei Referendare.

Theodor Fontane

Gerichte: Desillusionsanstalten der Rechtsprechung.

Rudolf Rolfs

Gefängnis: Im Knast denkt mancher: Gott sei Dank gibt es Feilchen, die im Verborgenen blüh'n.

Joachim Ringelnatz

Der ängstlichste Mensch in einem **Gefängnis** ist der Direktor.

George Bernard Shaw

Um einen Staat zu beurteilen,
muß man sich seine
Gefängnisse
von innen ansehen.

Leo Tolstoi

Gefängnisse sind ein
schöner Anblick.
Solange man
sie vor Augen hat,
weiß man,
daß man nicht drinsitzt.

François Villon

Die **Justiz** ist eine Dame
von so ehrwürdigem Alter,
daß ihre Tugend vom Gerede der Nachbarn
nicht mehr betroffen wird.

Prof. D. Bader

Körperschaft: Eine sinnreiche Einrichtung, um ohne persönliche Verantwortung persönlichen Vorteil zu erlangen. *Ambrose Bierce*

Die **Macht** kann sich leicht den Anschein des Rechts geben, da sie reich genug ist, sich genügend Advokaten zu leisten. *George Bernanos*

Recht:
Das, wogegen die öffentliche Meinung keinen nachhaltigen Widerspruch erhebt. *Richard Wiggins*

Zwangsregeln, welche die Öffentlichkeit verlangt, respektiert, in Kauf nimmt, duldet oder erträgt.
Richard Wiggins

Natürlich achte ich das **Recht.** Aber auch mit dem Recht darf man nicht so pingelig sein.

Konrad Adenauer

Man merkt unserem **Recht** das Alter an – es ist schon gebeugt. *Bert Berkensträter*

Recht ist, was keck behauptet und überzeugend verfochten wird. *Aron Burr*

Das **Recht** ist nicht unentgeltlich, und das ist das größte Unrecht. *Kurt Guggenheim*

Wer das **Recht** mit Füßen tritt, steht selten fest auf den Beinen. *Stanislaw Jerzy Lec*

Das Studium des **Rechts** ist schmutzig und gewinnsüchtig, denn sein letzter Zweck ist Geld; man studiert die Rechte nicht zur Ergötzung und um der Kenntnis der Dinge willen. *Martin Luther*

Wer immer auf sein **Recht** pocht, bekommt wunde Finger.

Volker Schlöndorff

Das **Recht** hat die merkwürdige Eigenschaft, daß man es behalten kann, ohne es zu haben.

Joseph Unger

Das **Recht des Stärkeren** ist das stärkste Unrecht.

Marie von Ebner-Eschenbach

Untersuchungskommissionen, die in Aktenbergen wühlen, sollten sich an die Krimiregeln halten, daß man den Täter meist auf den letzten Seiten findet.

Aldo Biagini

Letzte Erklärung

Es ist bedauerlich, daß man unter den **Menschenrechten** das Recht vergessen hat, sich selbst zu widersprechen.

Charles Baudelaire